En Rupture d'Orientation

Les principes de la personnalité dynamique

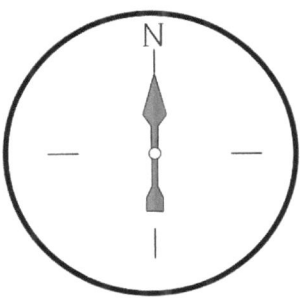

PIERRIC OUDART

Remerciements

Merci à Sandrine, Matthias, Nicole, Gérard, Julian, Michel, Damien, et à tous ceux qui trouveront un intérêt à ces quelques lignes.

Edition : BoD – Books on Demand,
12/14 rond-point des Champ-Elysées, 75008 Paris
Impression : BoD – Books on Demand, Norderstedt, Allemagne

ISBN : 9782322202744

Dépôt légal : janvier 2020

Personnalité et Orientation

L'étude de la personnalité a fait couler beaucoup d'encre. Ce sujet a fasciné l'humanité depuis l'antiquité et conduit à des citations célèbres : « Connais toi toi-même et les secrets du monde et des dieux te seront révélés. » Telle était l'introduction que l'on pouvait trouver au fronton du temple d'Apollon à Delphes pour les pèlerins qui cherchaient leur chemin. Si à l'époque, l'oracle, avec ses prédictions obscures, pouvait être d'une aide quelconque, il s'agit aujourd'hui d'étudier ce sujet au regard de notre époque.

L'objectif de ce livre est bien d'apporter une aide, un éclairage de notre personnalité pour avoir des éléments de décision utiles pour choisir son orientation.

Le XXIème siècle a bouleversé le monde du travail. Jusqu'à présent la société fonctionnait sur une notion d'obligation :

$$\text{Travail} = \text{Salaire}$$

Mais les mentalités sont en train de changer et de plus en plus d'individus (les millenials) rajoutent une composante à l'équation :

$$\text{Travail} = \text{Salaire} + \text{Satisfaction}$$

Ce phénomène conduit à une mutation du marché du travail où la recherche ne se borne plus seulement à un aspect alimentaire mais intègre des éléments extérieurs (temps de trajets, épanouissement…).

Notre métier, c'est une activité que l'on va assumer pendant plusieurs années voire plusieurs dizaines d'années. Il est naturel d'apporter une attention particulière à son choix. Par exemple, dans un couple, si l'on souhaite partager une partie de sa vie avec une autre personne, différents éléments doivent être pris en considération : qui suis-je, qui est l'autre, quelle relation nait de cette rencontre. Si l'on dit : « Mieux vaux être seul que mal accompagné », dans le domaine du travail, cela risque être trop réducteur étant donné que rares sont les personnes qui peuvent vivre sans travailler.

Vous trouverez dans cet ouvrage des clés pour répondre à la première question : qui suis-je ? et des outils pour trouver une correspondance vers des métiers qui peuvent vous convenir.

Il ne s'agit pas de faire de la voyance, vous ne trouverez à aucun moment : « c'est le métier qu'il vous faut, le seul et l'unique ».

Il n'y a aucune interdiction, si vous rêvez depuis l'enfance de faire un métier particulier et que celui-ci ne fait pas partie de la sélection de votre profil, cela signifie juste qu'il demandera probablement plus d'efforts pour y parvenir.

Dans la diversité des modèles de personnalité, deux grandes tendances émergent : la théorie du Type et la théorie du Trait.

La théorie du Type s'attache à des modèles « archétypes » et il s'agira d'identifier quel est l'archétype le plus proche de soi.

La théorie du Trait est statistique, l'objectif est de situer l'individu en fonction de critères (comportement, attitude…) par rapport au reste de la population. Pour un individu donné, les critères seront soit plus marqués, soit moins marqués ou dans la moyenne de la population.

La vraie différence est que la théorie du Type est plus intuitive et empirique alors que la théorie du Trait est plus scientifique.

La Personnalité dynamique

Quand on parle de personnalité dynamique, les références que l'on trouve sont des critères d'énergie, de fiabilité… Mais, il ne s'agit pas ici de cette notion.

Lorsqu'il est évoqué l'idée de personnalité dynamique c'est bien le principe de mouvement qui est présent tout comme on le trouve utilisé dans la dynamique des fluides. Peut-être devrait-on parler de Théorie de la dynamique de la personnalité pour lever toute forme d'incompréhension mais nous resterons tout de même sur : « La Personnalité dynamique. »

Toutes les théories précisent que la personnalité n'est pas figée, que c'est une combinaison de facteurs… Mais le plus gros écueil est la notion d'étiquetage aboutissant à considérer un résultat comme étant éternellement vrai.
Pour bien comprendre cette idée, il faut voir un résultat de profil de personnalité comme une photo à un temps donné. Dans le film de notre vie, ce n'est qu'un instant, mais face à l'inconnue du « Qui suis-je ? », ce cliché est rassurant et il est facile de se cacher derrière lui.

Il existe trois grands facteurs qui peuvent avoir un impact sur la personnalité, et nous y sommes tous confrontés.

Le premier est **l'environnement** : de simples situations comme travail, famille, loisirs, guerre… sont suffisantes pour que l'on se demande si notre personnalité est monolithique ou non.

Le deuxième est **interne** : typiquement, les pensées et les émotions sont de puissants leviers de fluctuation de la personnalité. Avons nous toujours la même réaction lorsque nous sommes calmes ou en colère ?

Le troisième est le **temps :** est-ce qu'en tant qu'adulte, on réagit de la même façon que lorsque l'on était enfant.

Nous allons aborder dans cette partie deux approches de la personnalité et une synthèse pour établir une nouvelle grille de lecture de la personnalité.

OCEAN

Modèle issu des Traits dont l'objectif est de situer l'individu, suite à ses réponses à un questionnaire, sur cinq axes et identifier son positionnement par rapport au reste de la population. Les résultats seront alors du type Fort / Moyen / Faible pour chaque Trait.

Il existe un défaut statistique concernant la moyenne et il est lié aux notions d'homogénéité et d'hétérogénéité. En effet sur une classe de 20 personnes dont les résultats sont dans la moyenne, deux cas se distinguent :
- tout le monde a des notes dans l'intervalle 9 à 11 (résultats homogènes)
- l'intervalle de notes se situe entre 0 et 20 (résultats hétérogènes)

Etre dans la moyenne dans le modèle OCEAN, c'est être ambivalent, sans précision sur l'homogénéité ou l'hétérogénéité de ce résultat.

Les cinq traits et leurs critères sont les suivants.

Type O : Ouverture à l'expérience

L'ouverture à l'expérience est marquée par l'imagination et la créativité.

Une personne « ouverte » est curieuse intellectuellement, apprécie l'art et est sensible à la beauté. Elle possède souvent des convictions peu conventionnelles et novatrices.

Une personne avec une ouverture faible est plutôt terre à terre et conservatrice. Elle préfère le simple, le direct, l'évident au complexe, ambigu et subtil.

O Faible
Critères : Ordinaire, Esprit étroit, Simple, Superficiel
Comportements : Se montre pragmatique, Privilégie les choses concrètes, Préfère les personnes aux idées

O Fort
Critères : Malin, Inventif, Curieux, Intérêts Variés, Artistique, Original
Comportements : Fait preuve d'innovation, Est ouvert au changement, Rejette les règles et les traditions, Peut s'ennuyer face à des taches répétitives

Type C : Conscienciosité

La conscienciosité décrit comment l'individu contrôle, régule et dirige son attention.

Les individus consciencieux évitent les ennuis, planifient leurs objectifs et maintiennent leur ligne de conduite.

Les individus à faible conscienciosité peuvent être perçus comme impulsifs, hauts en couleurs. Certains leurs reprochent de manquer de persévérance.

C Faible
Critère : Négligent, Etourdi, Frivole, Désordonné, Irresponsable
Comportement : Fait Preuve d'Impulsivité, Peut manquer d'ambition, Est spontané

C Fort
Critère : Organisé, Fiable, Précis, Réfléchi, Minutieux
Comportement : Atteint ses objectifs, Planifie ses actions, L'autodiscipline fait partie de son mode de vie

Type E Extraversion

L'extraversion est marquée par le niveau d'excitation généré par la relation au monde.

Les extravertis aiment être avec des gens, sont enthousiastes et aiment l'action. En groupe, ils aiment parler et attirer l'attention.

Les personnes ayant une faible extraversion sont moins exubérantes, calmes, en retrait. Elles ont un niveau d'énergie et d'activité moins élevé et sont moins dépendantes de la vie sociale.

E Faible
Critères : En retrait, Calme, Réservé, Silencieux
Comportements : Préfère travailler seul

E Fort
Critères : Bavard, Actif, Energique, Enthousiaste, Dominant, Vantard, Aventureux, Autoritaire
Comportements : Se lie facilement avec les autres, Se montre enthousiaste, Evite la solitude

Type A : Agréabilité

L'agréabilité conditionne les relations sociales.

Les individus agréables portent de l'importance à la coopération et sont amicaux. Ils cherchent le compromis et sont indulgents.

Les individus avec une faible agréabilité ont une tendance égoïste et rechignent à aider autrui. Leur manque de confiance en l'autre les rend soupçonneux, distants.

A Faible
Critères : Critique, Froid, Sévère, Dur, Ingrat, Avare
Comportements : Privilégie ses propres intérêts, Fait preuve d'objectivité, Se montre critique

A Fort
Critères : Compatissant, Généreux, Bienveillant, Chaleureux, Serviable, Amical, Indulgent, Coopératif

Comportements : Cherche à maintenir des relations harmonieuses, Apporte son soutien, Se soumet facilement, Est susceptible d'être manipulé

Type N : Sensibilité émotionnelle

La sensibilité émotionnelle désigne la réaction aux émotions négatives.

Les personnes avec une forte sensibilité émotionnelle sont affectées par l'anxiété, la colère, la dépression et sont réactives.

À l'opposé, une faible sensibilité émotionnelle désigne des caractères calmes, stables, optimistes et confiants.

Peu de sentiments négatifs n'est pas synonyme d'émotions positives fréquentes, c'est une caractéristique de l'extraversion.

N Faible
Critères : Stable, Calme, Satisfait
Comportements : Résiste au stress

N Fort
Critères : Tendu, Anxieux, Nerveux, Soucieux, Susceptible, Qui s'apitoie sur soi, Peureux, Instable, Emotif, Humeur changeante, Découragé
Comportements : Souvent de mauvaise humeur, S'énerve facilement, Souvent anxieux

Lorsque l'on fait attention aux critères ci-dessus, il est facile d'avoir l'impression que pour chaque Trait, une des séries est positive et l'autre négative. C'est l'un des problèmes de l'étude de la personnalité, on reviendra sur le sujet ultérieurement.

Méta-Programmes

Outil issu de la Programmation Neuro-Linguistique (PNL), les Méta-Programmes s'attachent à identifier la façon dont nous percevons et trions l'information, la façon dont nous allons y répondre et le comportement qui sera adopté. Selon cette théorie, c'est par habitude que nous avons automatisé une réponse particulière.

Vous allez découvrir des méta-programmes binaires : on fonctionne d'une façon ou de l'autre.

La force de cette représentation tient au fait que la PNL est un outil de changement et donc qu'une position n'est pas immuable, que l'on peut travailler à faire évoluer cette position. Les méta-programmes ne sont plus alors vus comme une opposition de critères, mais un continuum sur lequel il est possible de se déplacer pour adopter une autre position de perception. *Par exemple, pour régler la température de l'eau du robinet, elle peut varier de froid à chaud en adoptant toutes les températures intermédiaires.*

Cette notion de variabilité est importante parce qu'elle est la source du principe de Personnalité Dynamique.

La liste non exhaustive des méta-programmes sélectionnés est la suivante :

Soi / Autres
Ce méta-programme concerne les motivations qui poussent à agir : est-ce que l'intérêt personnel prime (Soi) ou est-ce de répondre aux attentes de l'entourage (Autres) ?

Référence Interne / Externe

Ce qui intéresse ici est la façon dont sont élaborées les décisions. Est-ce que l'individu est influencé par les idées des autres (Externe) ou au contraire par son expérience ou sa réflexion personnelle (Interne) ?

Aller Vers / Eviter De

Il s'agit ici d'identifier une habitude de déplacement qui n'est pas que physique mais aussi mentale. D'un côté le mouvement est orienté vers ce que l'on veut (Aller Vers), de l'autre vers ce qui nous rassure (Eviter De).

Proactif / Passif (Réactif)

Ce méta-programme correspond à la clé de démarrage de l'action. Celui qui cherche à agir sur le monde en permanence est Proactif, celui qui réagit aux contraintes de l'environnement est Passif (Réactif).

Procédure / Option

Voilà un décryptage comportemental : est-ce que je cherche à créer des routines répétitives (Procédure) ou est-ce que je m'adapte sans cesse à l'évolution de la situation (Option) ?

Possibilité / Nécessité

Un critère déterminant dans la création des objectifs. Est-ce que j'étudie ce que le monde, la vie peut offrir (Possibilité) ou est-ce que je me limite à ce qui est réaliste (Nécessité) ?

Global / Spécifique

Le méta-programme du point de vue par excellence : est-ce que le regard se porte sur les détails (Spécifique) ou sur une vue d'ensemble (Global) ?

Optimisation / Perfection

Un critère lié à la façon de penser. Est-ce que j'ai une idée, une image précise de ce que je veux, de ce qui doit être (Perfection) ou est-ce que je pars d'une esquisse pour l'améliorer au fur et à mesure (Optimisation) ?

Associé / Dissocié

Ce méta-programme est le dernier qui sera présenté ici. Etre Associé, c'est être pleinement acteur de ce qui se passe autour de moi, de mon expérience. A l'inverse, être Dissocié correspond à une prise de recul, comme devenir spectateur de ma propre expérience.

Cette notion de dissociation est notamment expérimentée et amplifiée dans des situations particulières de transe en hypnose, d'aperception en méditation, de prise de conscience...

Une synthèse : MECA

Le modèle MECA a pour ambition de faire une synthèse des deux modèles précédents. L'objectif est de disposer d'une nouvelle grille de lecture.

MECA sont les initiales pour :

>M : Motivation
>E : Enthousiasme
>C : Comportement
>A : Attention

Voilà la présentation des différents éléments du MECA auxquels il faut ajouter la perception P et leurs correspondances avec les modèles OCEAN et méta-programmes.

Motivation

La motivation est un axe qui reflète ce qui nous pousse à agir. Il va de ce qui est personnel (notre intérêt) à ce qui est extra personnel (pour les autres, la société, un élément ou un groupe qui nous dépasse)

Personnelle	Labels	Extra Personnelle
A Faible	OCEAN	A Fort
Soi	Méta-Prog	Autres
Ref. Interne		Ref. Externe

Enthousiasme

L'enthousiasme correspond au niveau d'énergie, d'excitation que l'on va investir dans une activité. Elle est faible du côté de la prudence et forte pour l'exploration.

Prudence	Labels	Exploration
E Faible	OCEAN	E Fort
Eviter de Passif (Réactif)	Méta-Prog	Aller Vers Proactif

Comportements

Les comportements sont dictés par une recherche de sécurité du côté de la prévention du danger ou la confrontation aux limites dans le cas des défis.

Prévention Danger	Labels	Relever Défi
N Fort	OCEAN	N Faible
Procédure Nécessité	Méta-Prog	Option Possibilité

Attention

L'attention indique où se dirige notre pensée : vers l'imagination, la rêverie d'un côté ; vers la réflexion de l'autre.

Imagination	Labels	Réflexion
C Faible	OCEAN	C Fort
Globale Optimisation	Méta-Prog	Spécifique Perfection

Notons que la notion *d'ambivalence* qui existe bien dans notre modèle n'a pas été représentée dans ces tableaux. L'ambivalence est cet état de souplesse qui permet de passer d'un côté à l'autre des axes.

Il nous manque ici un élément qui a son importance, il s'agit de la **Perception**. Elle n'est pas mise en parallèle avec les autres traits parce que c'est plus une fonction d'abstraction qui est reliée à la branche O du modèle OCEAN et du méta-programme Associé/Dissocié.

Perception

La perception ou plutôt position de perception est liée à la façon dont l'expérience est vécue. D'un côté l'acteur est dans l'action, là où l'orchestrateur est observateur de l'action, mais, contrairement à un spectateur, il peut influencer l'action.

Acteur	Labels	Orchestrateur
O Faible	OCEAN	O Fort
Associé	Méta-Prog	Dissocié

Pour représenter la perception, nous nous réfèrerons au schéma suivant :

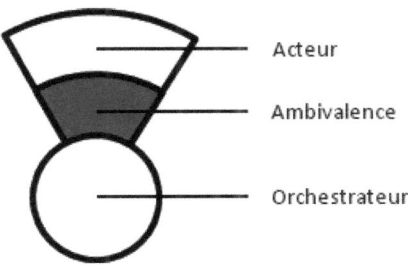

Comme un schéma vaut mieux que de longs discours, voilà une représentation possible du MECA :

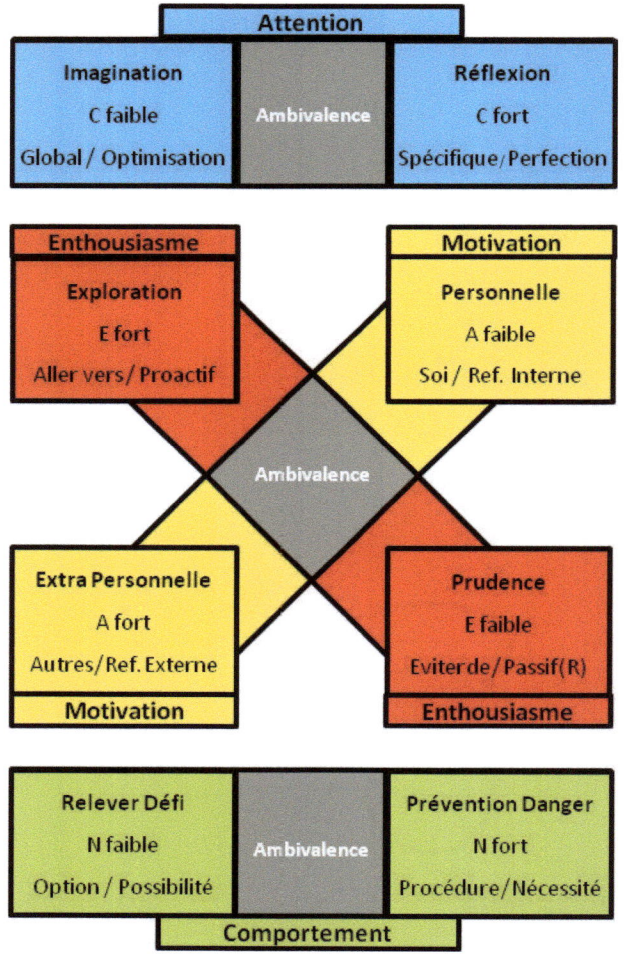

Cette représentation nous permet de distinguer trois plans. Le premier, celui de **l'action,** est attaché au Comportement. Le deuxième, celui de **la pensée,** est attaché à l'Attention. Le troisième est celui de **ce qui nous anime**, de l'énergie que l'on va mettre dans nos activités et est attaché au couple Motivation – Enthousiasme.

Projection du MECA dans le MECA

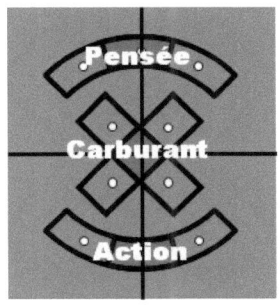

Archétypes sportifs

Pour éclairer et comprendre le MECA, nous allons étudier des archétypes associés au sport. L'avantage est que chacun peut facilement se représenter les différents postes. Les différentes représentations se feront à partir de l'aide mémoire suivant :

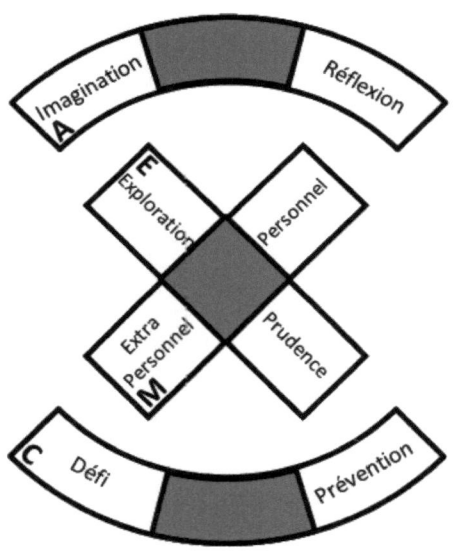

Prenez le temps de mémoriser l'ordonnancement des axes parce que, pour un souci de lisibilité, les critères disparaitront dans la présentation des archétypes.

L'attaquant

L'attaquant doit être précis et concentré et le couple :
  * Attention – Réflexion (Spécifique – Perfection)
  * Motivation – Personnelle (Soi – Référence Interne)
assure le maximum de concentration. L'inconvénient étant le risque de jouer un peu trop personnel.

L'Enthousiasme – Exploration (Aller Vers – Proactif) lui donne l'énergie nécessaire à une rencontre sportive épuisante.

Le Comportement – Défi (Option – Possibilité) le pousse vers son objectif : marquer.

Le Défenseur

La Motivation – Extra Personnelle (Autres – Références Externes) font du défenseur celui sur qui l'on peut compter pour interrompre l'attaque adverse.

L'Enthousiasme – Exploration (Aller Vers – Proactif) lui donne l'énergie nécessaire à une rencontre sportive épuisante.

Le Comportement – Défi (Option – Possibilité) le pousse vers son objectif : interrompre toute progression adverse.

L'Attention – Imagination (Global – Optimisation) permet au défenseur d'avoir une vue d'ensemble et de détecter la stratégie adverse.

Le Meneur

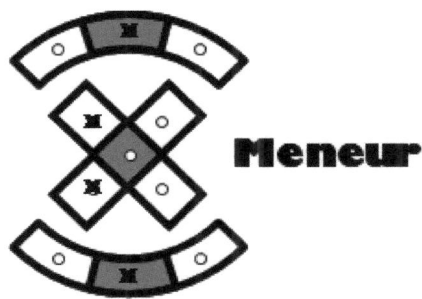

La Motivation – Extra Personnelle (Autres – Références Externes) font du meneur celui sur qui l'on peut compter pour orienter le jeu.

L'Enthousiasme – Exploration (Aller Vers – Proactif) lui donne l'énergie nécessaire à une rencontre sportive épuisante.

Le Comportement – Ambivalence Forte (Option / Possibilité – Procédure / Nécessité) lui permet de diriger le jeu. Il gère le rythme de l'équipe en distribuant les tactiques appliquées à l'entrainement ou les opportunités qui se présentent.

L'Attention – Ambivalence Forte (Global / Optimisation – Spécifique / Perfection) permet au meneur d'avoir une vue d'ensemble, de détecter les forces et faiblesses de chaque équipe et la précision nécessaire pour les exploiter ou les corriger.

Le Gardien

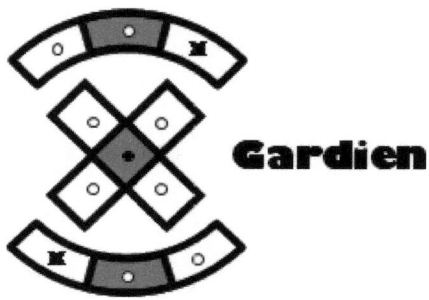

La Motivation – Ambivalence Faible (Autres – Références Internes) font du gardien la dernière ligne de défense.

L'Enthousiasme – Ambivalence Faible (Aller Vers – Passif/Réactif) lui permet d'économiser son énergie jusqu'au moment où ses réflexes doivent sauver la situation.

Le Comportement – Défi (Option – Possibilité) le pousse vers son objectif : ne rien laisser passer.

L'Attention – Réflexion (Spécifique – Perfection) permet au gardien d'être hyper concentré.

Le côté passif-réactif pousse à retarder au maximum l'action, mais est compensé par une réaction souvent fulgurante, et couplé à l'hyper-concentration, il permet de développer ses réflexes.

Le Coach

La Motivation – Extra Personnelle (Autres – Références Externes) fait du coach celui qui veut le meilleur pour l'équipe.

L'Enthousiasme – Prudence (Eviter de – Passif/Réactif) lui est imposé. Il ne peut pas être sur le terrain (passif) et il doit éviter la défaite de son équipe.

Le Comportement – Prévention (Procédure – Nécessité) le pousse à préparer au mieux son équipe. Ce qui inclut : connaissance de l'équipe adverse et stratégie adaptée.

L'Attention – Ambivalence Forte (Global / Optimisation – Spécifique / Perfection) permet au coach d'avoir une vue d'ensemble, d'anticiper les forces et faiblesses de chaque équipe et d'adapter les stratégies.

Un exemple

Pour comprendre la Personnalité Dynamique, il faut admettre que nous sommes moins figés que ce que les statisticiens voudraient.

Dans une équipe de sport, on le comprend aisément : un attaquant se retrouve fréquemment en défense et un défenseur en attaque. Même s'il existe une position de prédilection, elle n'est pas invariable.

Pour être plus clair, je vais vous faire part d'une expérience personnelle. A la sortie de mes études, pour mon premier travail, j'ai dû passer un entretien, dans un cabinet de recrutement, qui a eu plusieurs actes.

Premier acte :
L'entretien se passe bien, trop bien peut être. Je suis ouvert, dynamique. Je réponds aux questions pour présenter qui je suis et non coller à ce que je pense que la personne attend. C'est un entretien pour mon premier emploi et je le vis comme un défi à relever.

Deuxième acte :
Alors que nous étions en train de clore l'entretien, j'ai eu une question malencontreuse… *« Savez vous dans*

combien de temps les résultats seront disponibles ? La société qui veut m'embaucher voudrait que je commence la semaine prochaine. » J'ai alors dû faire face à une grosse colère : *« ce n'était pas un candidat qui allait lui mettre la pression »*… Je peux dire que mon état d'esprit a changé instantanément. Je suis passé en mode réflexion (++), je me suis recentré (replié) sur moi, j'ai fait face à une forte poussée de stress et j'ai tenté de sauver les meubles.

Troisième acte :

Alors que j'avais perdu la main et que l'issue de l'entretien s'annonçait compliquée si j'en restais là, il fallait trouver une solution. Les critères de personnalité se sont repositionnés : un nouveau défi à relever, prendre du recul, libérer l'imagination, focalisation sur la personne.

Quatrième acte :

Je tente le tout pour le tout et après avoir demandé quatre fois si je pouvais poser une question, j'obtiens enfin son accord. Et la question était la suivante : *« Comment on fait pour devenir chasseur de tête ? C'est un métier qui m'intéresse vraiment. »*

Bonne pioche, la personne se radoucit, me raconte en quelques mots sa passion, comment elle s'est associée pour reprendre ce cabinet, son divorce, sa fille... Nous avions un peu débordé du cadre mais au moins l'impression de fin d'entretien était positive.

Cet exemple n'est probablement pas parfait, mais il souligne l'impact fort de nos émotions sur nos réactions. Notamment l'effet de la pression, du stress ou simplement de la peur qui décale les curseurs dans l'acte deux, avec un positionnement dans le cadran en bas à droite.

Nous allons découvrir d'autres types de personnalités et leurs relations avec le MECA, notamment le Wu Xing Taoïste qui peut expliquer l'impact des émotions.

D'autres approches de la personnalité

Quelques modèles de personnalité vont être présentés succinctement et seront ensuite projetés sur le MECA.

Les Tempéraments

L'une des plus anciennes classifications, les Tempéraments nous vient de Grèce. A cette époque, la croyance était que tout ce qui existait dans la nature était composé de quatre éléments (air, terre, eau, feu).

Hippocrate (460 – 370 av J.-C.) cherche à classifier des troubles mentaux en les associant aux quatre éléments. Ses recherches le conduiront à établir cette classification des Tempéraments : Sanguin, Bilieux, Nerveux, Lymphatique. Pour lui, la différence entre les individus s'explique par la prédominance et ou combinaison de ces Tempéraments.

Voici la répartition des types :

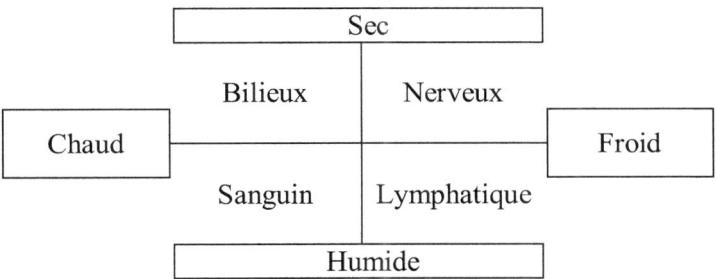

Vous allez trouver ci-dessous les critères liés à chaque Tempérament.

Type Sanguin
Elément : air
Saison : printemps
Age : adolescence
Physique : neutre

Orientation : personnes
Objectif : être aimé
Risque : inconstance
Défaut : exagération

Type Bilieux
Elément : feu
Saison : été
Age : adulte
Physique : musclé

Orientation : action
Objectif : entreprendre
Risque : conflit
Défaut : colère

Type Nerveux
Elément : terre
Saison : automne
Age : vieillesse
Physique : maigre

Orientation : perfection
Objectif : réflexion
Risque : mélancolie
Défaut : susceptible

Type Lymphatique
Elément : eau
Saison : hiver
Age : enfance
Physique : surpoids

Orientation : sens du devoir
Objectif : éviter conflit
Risque : paresse
Défaut : indifférence

Projection des Tempéraments dans le MECA

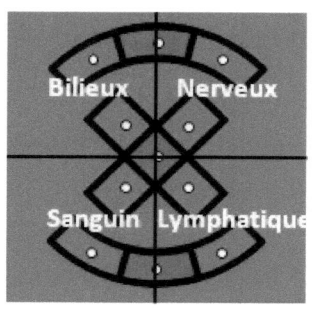

Les Préférences Cérébrales

Le modèle des préférences cérébrales a été créé par M. Herrmann. Il a créé des catégories de traitement de l'information. Son outil est notamment utilisé en entreprise pour apprendre à se connaitre, développer de nouvelles compétences ou résoudre des conflits interpersonnels.

Sa classification s'articule autour du fonctionnement du cerveau entre gauche (raison et méthode) et droit (sentiment et imagination).

Si cette théorie est sujette à controverse (notamment par les neurosciences), étudions-la pour ce qu'elle nous apporte : une grille de lecture. Voici la répartition des types :

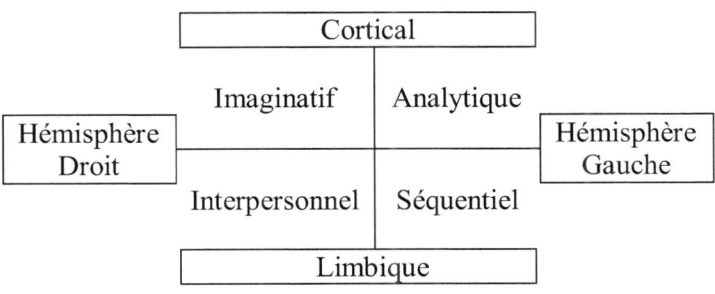

Vous allez trouver ci-dessous les critères liés à chaque type :

Personnalité Analytique
Critères : logique, factuel, quantitatif, critique, technique

Comportements : analyse, argumente rationnellement, formule des théories, mesure précisément, résout les problèmes logiquement, raisonne, travaille à partir de chiffres et de statistiques, est précis.

Personnalité Séquentielle
Critères : prudent, structuré, organisé, détaillé, planifié
Comportements : remarque les défauts, est pratique, va jusqu'au bout des choses, développe des procédures, envisage les problèmes sous contraintes (temps, argent…)

Personnalité Interpersonnelle
Critères : empathique, instinctif, sensible, kinesthésique
Comportements : comprend les difficultés relationnelles, anticipe le ressenti des autres, engendre l'enthousiasme, concilie, enseigne, partage, soutient

Personnalité Imaginative
Critères : global, intuitif, synthétique, conceptuel
Comportements : anticipe le changement, perçoit globalement, favorable à l'innovation, défie les règles établies, fait la synthèse

Projection des Préférences Cérébrales dans le MECA

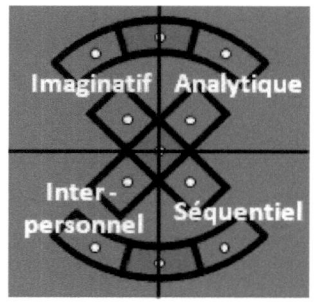

Wu Xing

Ce sont les cinq éléments taoïstes (Terre, Métal, Eau, Bois, Feu) qui apparaissent sensiblement à la même période que les Tempéraments en occident.

Ils ont servi à créer un système de classification et de correspondances qui est utilisé aujourd'hui dans la Médecine Traditionnelle Chinoise dont l'acupuncture, les arts martiaux internes, le qi gong, le feng shui… font partie.

Dans cette classification, nous trouverons notamment des critères concernant des émotions, des comportements, des stratégies qui nous intéressent dans ce livre.

Type Bois

Orientation	est	**Emotion**	colère
Saison	printemps	**Excès**	jalousie
Sens	vue	**Comportement**	challenge
Stratégie	attirer	**Vertu**	courage
Personnalité	responsable	**Vertu Sociale**	humanité

Type Feu

Orientation	sud	**Emotion**	joie
Saison	été	**Excès**	témérité
Sens	toucher	**Comportement**	excitation
Stratégie	avancer	**Vertu**	tempérance
Personnalité	créatif	**Vertu Sociale**	étiquette

Type Métal

Orientation	ouest	**Emotion**	tristesse
Saison	automne	**Excès**	méchanceté
Sens	odorat	**Comportement**	réflexion
Stratégie	repousser	**Vertu**	justice
Personnalité	analyste	**Vertu Sociale**	devoir

Type Eau

Orientation	nord	**Emotion**	peur
Saison	hiver	**Excès**	paranoïa
Sens	ouïe	**Comportement**	prévention
Stratégie	reculer	**Vertu**	prudence
Personnalité	sécurité	**Vertu Sociale**	sagesse

Type Terre

Orientation	centre	**Emotion**	introspection
Saison	transitions	**Excès**	inertie
Sens	goût	**Comportement**	méditation
Stratégie	immobilité	**Vertu**	/
Personnalité	détaché	**Vertu Sociale**	silence

La Terre est l'élément de la méditation et de la prise de recul qui permet d'accéder à l'aperception. En méditation, c'est l'état dans lequel une personne est capable de se percevoir en train de penser, d'agir, de détecter ses émotions…

Une des représentations des Wu Xing est la suivante :

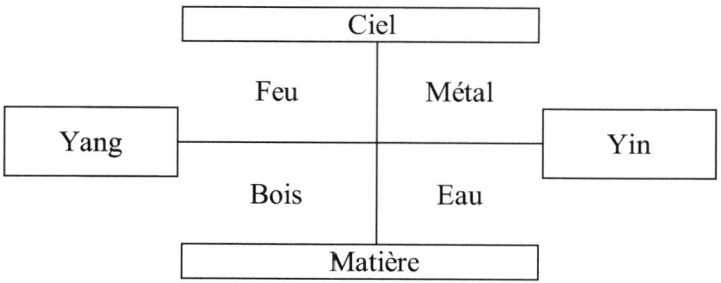

Suivant la notion : « le centre est partout et la périphérie nulle part », la Terre n'apparaît pas, étant donné qu'elle pourrait aussi bien être au centre que recouvrir toute la figure.

Projection du Wu Xing dans le MECA

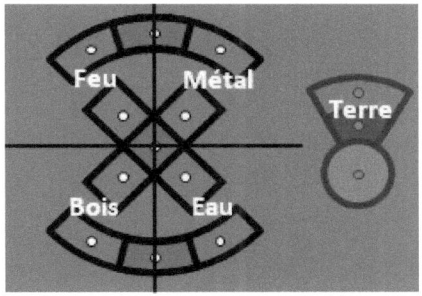

Aide à l'Orientation

Le questionnaire

Vous trouverez le questionnaire d'orientation en ligne sur le site : www.datapersonae.com

Lorsque l'on parle de questionnaire de personnalité, il s'agit de répondre à quelques questions pour obtenir un résultat. Nous sommes à une époque où, entre les sondages et les tests de magazines, il est difficile d'éviter cette notion de questionnaire.

Pourtant, remplir un questionnaire mérite quelques explications. En effet, de nombreux paramètres peuvent influencer les résultats mais sont rarement pris en compte. Si vous répondez à un questionnaire pour trouver votre partenaire idéal(e) ou si c'est pour un recrutement, votre état d'esprit ne sera pas le même, pas plus que si le remplissage du questionnaire vous prend quelques minutes ou plus d'une heure.

Il est de coutume de ne répondre à un questionnaire qu'une seule fois pour éviter de trouver des résultats différents. Cela fiabilise le questionnaire, c'est certain, mais pas forcément vos résultats. Typiquement, dans le cadre d'un recrutement, les réponses seront orientées vers ce que l'on pense être le plus valorisant ; à l'inverse un test fait en plaisantant entre amis aura un objectif différent.

L'idée de la **Personnalité Dynamique** est qu'un individu n'est pas figé et que sa personnalité peut varier en fonction de certains critères de contextes, d'environnements, d'émotions, de temps… Pour faire simple, il est possible d'identifier au moins trois types de personnalité : <u>sociale</u>, <u>professionnelle</u>, <u>familiale</u>.

Le questionnaire utilise une échelle de Likert qui est très utilisée en psychologie sociale, sondages, et qui permet d'utiliser les outils statistiques. Pour chaque item, l'objectif est de situer le degré de proximité ou d'exactitude de l'item pour vous. L'échelle se présente de la façon suivante :

Totalement Faux	Faux	Plutôt Faux	Plutôt Vrai	Vrai	Totalement Vrai

Par exemple, dans le cas de l'item : « *Je me mets en colère facilement* » si cela me représente vraiment je cocherai **Totalement Vrai**. A l'inverse si cela arrive de temps en temps mais que je réussis plus souvent à garder mon calme, je cocherai **Plutôt Faux**.

L'Orientation

Dans le domaine de l'orientation, l'un des outils le plus utilisé est le RIASEC. C'est un modèle développé par John Holland. A partir de centres d'intérêt, il obtient des résultats qui déterminent la prépondérance d'un ou de plusieurs types de profils professionnels.

A partir d'un questionnaire de personnalité, nous calculons les scores du RIASEC qui sont projetés dans le modèle que nous utiliserons : le modèle PACHER :

> **P** : Pragmatique
> **A** : Analyste
> **C** : Créatif
> **H** : Humaniste
> **E** : Exécutif
> **R** : Rigoureux

Vous allez trouver ci-dessous une présentation et la liste des critères liés à chacun des six profils du PACHER.

Type P : Pragmatique

Les personnes de ce type exercent surtout des tâches concrètes. Habiles de leurs mains, elles savent coordonner leurs gestes. Elles se servent d'outils, font fonctionner des appareils, des machines, des véhicules. Les pragmatiques ont le sens de la mécanique, le souci de la précision. Ils exercent fréquemment leur profession à l'extérieur plutôt qu'à l'intérieur. Leur travail demande souvent une bonne endurance physique et même des capacités athlétiques. Ces personnes sont patientes, minutieuses, constantes, sensées, naturelles, franches, pratiques, concrètes, simples.

Intérêts : *travailler avec des machines, travailler en extérieur, travailler de ses mains, construire des choses*
Compétences : *répare des objets, jardine, utilise des machines, sait lire des notices*
Personnalité : *mécanicien, proche de la nature, pratique, résout des problèmes*
Types d'activités préférées : *construction, activité militaire, fabrication, mécanique, commerce spécialisé, transport, agriculture, exploitation forestière, application de la loi, ingénierie.*

Type A : Analyste

La plupart des personnes de ce type ont des connaissances théoriques auxquelles elles ont recours pour agir. Elles disposent de renseignements spécialisés dont elles se servent pour résoudre des problèmes. Ce sont des personnes qui observent. Leur principale compétence tient à la compréhension qu'elles ont des phénomènes. Elles aiment bien se laisser absorber dans leurs réflexions. Elles aiment jouer avec les idées. Elles valorisent le savoir. Ces personnes sont critiques, curieuses, soucieuses de se renseigner, calmes, réservées, persévérantes, tolérantes, prudentes dans leurs jugements, logiques, objectives, rigoureuses, intellectuelles.

Intérêts : *étudier des idées, analyser des données, utiliser l'informatique, lire de la science fiction*
Compétences : *fait des expériences, résout des problèmes mathématiques, fait de la programmation basique, interprète des formules*

Personnalité : précis, inquisiteur, pensée abstraite, indépendant
Types d'activités préférées : chercheur scientifique, physicien, astronome, sociologue, biologiste, généticien, médecin, pharmacien...

Type C : Créatif

Les personnes de ce type aiment les activités qui leur permettent de s'exprimer librement à partir de leurs perceptions, de leur sensibilité et de leur intuition. Elles s'intéressent au travail de création, qu'il s'agisse d'art visuel, de littérature, de musique, de publicité ou de spectacle. D'esprit indépendant et non conformiste, elles sont à l'aise dans des situations qui sortent de l'ordinaire. Elles sont dotées d'une grande sensibilité et de beaucoup d'imagination. Bien qu'elles soient rebutées par les tâches méthodiques et routinières, elles sont néanmoins capables de travailler avec discipline. Ces personnes sont spontanées, expressives, imaginatives, émotives, indépendantes, originales, intuitives, passionnées, fières, flexibles, disciplinées.

Intérêts : lire des romans ou des pièces de théâtre, travailler sur de la création, aimer prendre des photos, écouter de la musique
Compétences : écrit des histoires, conçoit de nouvelles choses, joue et ou compose de la musique, dessine, met en scène
Personnalité : créatif, intuitif, novateur, imaginatif
Types d'activités préférées : art, rédaction, publicité, musique, photographie, émissions de radio, relations publiques, langues, art dramatique.

Type H : Humaniste

Les personnes de ce type aiment être en contact avec les autres dans le but de les aider, de les informer, de les éduquer, de les divertir, de les soigner ou encore de favoriser leur croissance. Elles s'intéressent aux comportements humains et sont soucieuses de la qualité de leurs relations avec les autres. Elles utilisent leur savoir ainsi que leurs impressions et leurs émotions pour agir et pour interagir avec les autres. Elles aiment communiquer et s'expriment facilement. Ces personnes sont attentives aux autres, coopératives, collaboratives, compréhensives, dévouées, sensibles, sympathiques, perspicaces, bienveillantes, communicatives, encourageantes.

Intérêts : *aider les gens, faire du bénévolat, pratiquer un sport d'équipe, travailler en groupe*
Compétences : *enseigne / entraine les autres, organise des activités, accueille des évènements, dirige des meetings*
Personnalité : *amical, prêt à aider, instinctif, sociable*
Types d'activités préférées : *éducateur, travailleur social, orthophoniste, psychanalyste, conseiller d'orientation, instituteur, animateur de club de vacances...*

Type E : Exécutif

Les personnes de ce type aiment influencer leur entourage. Leur capacité de décision, le sens de l'organisation et une habileté particulière à communiquer leur enthousiasme les appuient dans leurs objectifs. Elles savent vendre des idées autant que des biens matériels. Elles ont le sens de l'organisation, de la planification et de l'initiative et savent mener à bien leurs projets. Elles savent faire preuve d'audace et d'efficacité. Ces personnes sont persuasives, énergiques, optimistes, audacieuses, sûres d'elles-mêmes, ambitieuses, déterminées, diplomates, débrouillardes, sociables.

Intérêts : voir des gens, prendre des décisions, négocier des contrats, avoir une activité politique
Compétences : lance des projets, vend ou fait de la promotion, fait des discours, convainc les autres
Personnalité : assertif, persuasif, enthousiaste, persévérant
Types d'activités préférées : vente, marketing, distribution, immobilier, gestion, finance, achat, service public, politique, administration.

Type R : Rigoureux

Les personnes de ce type ont une préférence pour les activités précises, méthodiques, axées sur un résultat prévisible. Elles se préoccupent de l'ordre et de la bonne organisation matérielle de leur environnement. Elles préfèrent se conformer à des conventions bien établies et à des consignes claires plutôt que d'agir dans l'improvisation. Elles aiment calculer, classer, tenir à jour des registres ou des dossiers. Elles sont efficaces dans tout travail qui exige de l'exactitude et à l'aise dans les tâches routinières. Ces personnes sont loyales, organisées, efficaces, respectueuses de l'autorité, perfectionnistes, raisonnables, consciencieuses, ponctuelles, discrètes, strictes.

Intérêts : travailler avec les chiffres, être attentif aux détails, utiliser l'informatique, suivre les ordres
Compétences : tient des comptes détaillés, aime les statistiques, utilise des ordinateurs, rédige des contrats
Personnalité : organisé, mathématique, efficace, consciencieux
Types d'activités préférées : comptabilité, tenue des livres, banque, service des impôts, contentieux, activités

administratives, entretien et nettoyage, restauration, secrétariat, tenue des comptes.

Projection du PACHER dans le MECA

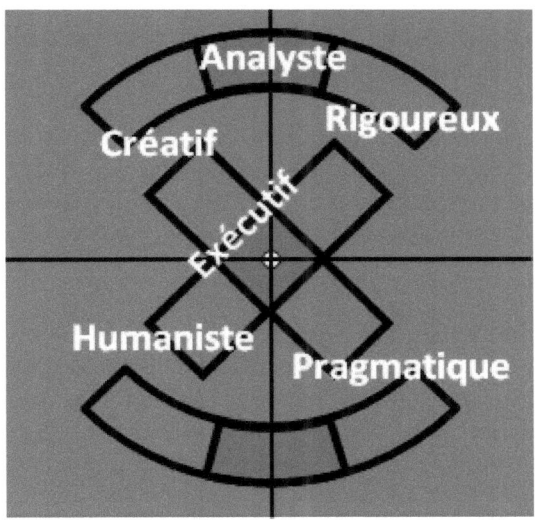

Cette représentation met en évidence que nous ne sommes pas un seul type de profil professionnel. Ils sont tous plus ou moins présents.

L'objectif de l'orientation est de pouvoir révéler le profil professionnel qui sera dominant et de les hiérarchiser. L'annuaire métier en fin de livre classe les métiers à partir des deux profils les plus marqués.

Les compétences

Les critères de personnalité permettent de faire émerger des prédispositions pour développer certaines compétences (savoir-faire ou savoir-être). L'idée n'est pas de dire que telle compétence n'est pas pour moi mais bien que si je « veux » développer cette compétence, cela peut me demander plus ou moins d'efforts.

Il y a une surreprésentation de compétences liées au monde de l'entreprise qui est à l'origine du financement des études utilisées. Au fil du temps et des études, nous rajouterons de nouvelles compétences pour en élargir la portée.

Les compétences ne sont pas directement liées à des métiers qui regroupent plusieurs compétences mais à des clés qui doivent permettre d'affiner la recherche d'orientation. Elles ont été classées par rubriques parce qu'elles n'ont pas toutes la même portée ou thématique.

Il est important de comprendre que ces compétences ne peuvent être rangées dans une boite. Typiquement, la compétence de **Management** *Tenir des objectifs* selon certaines études, mais aussi par simple bon sens est un marqueur pour pouvoir suivre dans le temps une activité sportive.

Concernant les compétences, il faut distinguer *le niveau d'expérience* qui indique le degré d'expertise dans le domaine *du niveau de prédisposition* qui indique la capacité à développer cette compétence. Le questionnaire d'orientation ne répond qu'au niveau de prédisposition, l'expérience dépendant de la pratique.

48

Compétences Professionnelles

Les compétences regroupées dans cette catégorie représentent les compétences qui sont les plus proches de métiers existants.

Administrative	• Apprécie les tâches répétitives et les procédures • Evite les erreurs et sait les repérer • Réalise des registres, fichiers, rapports précis et datés
Commerciale	• Aime convaincre les autres • N'accepte pas non comme une réponse • Sociable • Cherche à répondre au besoin des clients
D'Animation	• A l'aise en public • Aime prendre la parole en public et répondre aux questions • Est fier de faire une bonne présentation avec les bons vecteurs
De Blogger	• Prend le temps et fait l'effort de mettre ses idées par écrit • Se met à la place du lecteur pour être concis et ou descriptif • Régulier dans son planning de publication
De Direction	• Prend en charge le lancement de projet • Est à l'aise dans le rôle de dirigeant, coordinateur • Est capable de prendre et d'assumer des décisions difficiles

D'Entreprenariat	• En recherche permanente de nouveaux produits, marchés, services… • A de bonnes performances sous pression • A l'ambition de réussir dans le business
D'Indépendant	• Demande peu de supervision • Est capable de s'organiser seul • A l'aise en travaillant seul
Pour le Service Client	• Tient à offrir un service de qualité • Répond aux besoins et attentes des clients • Connait ses clients et ses produits
Pour le Service Qualité	• Attentif à la mise à niveau du personnel, du matériel, des normes • Surveille la conformité de la production ou du service • Maniaque de la maintenance • Suit le règlement en général
Pour le Service Technique	• Veut maitriser les détails avant de passer à l'étape suivante • Est expert dans son domaine (emploi, produit, technologie…) • Se tient informé (fait de la veille technologique)

Compétences de Leadership

Les compétences de leadership regroupent les caractéristiques de personnes entreprenantes, tournées vers l'exploration et cherchant à relever des défis.

Compétiteur	• Sait prendre des risques • N'abandonne pas • A besoin de gagner • Est stimulé par la compétition

Décideur	• Est reconnu pour la qualité de ses choix • Ne tranche pas quand ce n'est pas le moment • Se tient à ses décisions
Gestion ambiguïté	• Agit sans avoir besoin de tous les tenants et les aboutissants • Aime conserver des options • A l'aise aussi bien avec la théorie que l'inconnu
Gestion système complexe	• Comprend les relations entre procédure et système complexe • Surveillance naturelle et méthodique des outils de rapports • A confiance dans le système mais l'adapte si nécessaire
Gout du risque	• Sans peur face à l'inconnu • Curieux • Recherche ce qui sort de l'ordinaire
Orientation action	• Ne supporte pas l'inactivité • Prise de décision rapide • Motivé et ambitieux
Orientation performance	• Evite la procrastination • Vise le résultat • Gestion efficace du temps et des priorités • Tient les délais et les objectifs
Sens du commerce	• Maximise les profits • A l'aise avec la réduction des dépenses • A l'aise avec la récupération des impayés • Utilise les ressources stratégiquement

Sens de la politique	• A l'aise dans tous les milieux • Perçoit les besoins et les problèmes de son environnement • Peut être autoritaire ou bienveillant quand cela est nécessaire
Visionnaire	• A une pensée plus stratégique que tactique • Evalue l'impact des options • Imagine de futurs produits, services, tendances…

Compétences de Management

Les compétences de management regroupent les caractéristiques d'organisation, de gestion d'équipe, de rigueur pour atteindre un objectif.

Déléguer	• Sait diriger et contrôler le travail des autres • Transmet toutes les informations nécessaires pour une tâche • Prend le temps de répondre aux questions • Recadre quand la situation l'impose
Encadrer	• Se trompe rarement sur les autres • Ecarte les jeux d'influence et son avis personnel dans ses décisions • Ses décisions visent à améliorer la performance générale
Être fiable	• Sait garder un secret • Fait preuve de self contrôle • A la réputation d'être fiable
Être objectif	• Impartial dans son évaluation • Ecarte tout avis personnel dans son jugement • A l'habitude de dire la vérité

Être responsable	• Endosse la responsabilité quand cela est nécessaire • Gère les problèmes • Se fait son propre jugement
Gérer des réunions	• Anime les débats efficacement • Favorise la diversité de points de vue • Tient la montre • Organise l'agenda et les comptes rendus
Informer	• Transmet les informations à ses collaborateurs • Evite la rétention d'information • Pense qu'un bon système d'information permet d'éviter les surprises
Organiser	• Range son bureau • Classe les dossiers en fin de journée • A rassemblé toutes les informations et documents nécessaires avant de démarrer une tâche
Planifier	• Prévoit les étapes pour atteindre un objectif • Anticipe les futurs besoins • Cherche à structurer le temps pour minimiser les aléas
Tenir des Objectifs	• L'attention se porte sur les priorités • La persévérance permet d'atteindre les objectifs • Ne laisse pas les détails empêcher le travail • Ne se disperse pas

Compétences Sociales

Les compétences sociales régissent le rapport à l'autre.

53

Accompagnement du personnel	• Partage son expérience • Aide les autres à planifier leur carrière • Est sollicité pour du coaching, de la formation ou de l'orientation
Diplomatie	• Habileté relationnelle • Sait créer et entretenir de bonnes relations • Facile à vivre
Ecoute	• Reste silencieux quand quelqu'un s'exprime • Garde son avis et ses besoins de côté lors des discussions • Cherche à comprendre l'autre avant d'exprimer son opinion
Encouragement	• Tire le meilleur de chacun • Félicite les autres quand cela est mérité • S'inquiète naturellement du bien-être des autres
Médiateur	• Gestion de conflit • Négocie des solutions gagnant-gagnant • Ecarte son égo de la discussion • Fait émerger les problèmes sous-jacents
Respect des règles	• Se conforme à la norme • Suit les procédures • Suit les consignes
Travail d'équipe	• Met de côté ses besoins personnels pour la réussite de l'équipe • Suit ou dirige l'équipe en fonction de la situation • Apprécie de faire partie du groupe • Cherche à créer un esprit d'équipe

Compétences Cognitives

Dans les compétences cognitives ont été regroupées les caractéristiques d'une orientation de la pensée et de la façon dont nous percevons le monde. Il est question ici d'interprétation.

Confiance en soi	• A la sensation que tout est sous contrôle • Accepte des challenges raisonnables • Avec préparation le succès est assuré
Créativité	• Rajoute une touche personnelle à ses actions • Plein de ressources • Inventif • Imagine de nouveaux marchés, stratégies…
Flexibilité	• Courbe les règles quand la situation l'impose • Peut jouer plusieurs rôles dans une organisation • Change de priorité selon le besoin
Humour	• Sait se tourner en dérision • Joyeux, spontané et joueur • Tient compte de son entourage quand il fait preuve d'humour
Innovation	• Apprécie les améliorations du quotidien • Cherche de nouveaux process plus efficaces • Cherche à s'améliorer
Optimisme	• Considère l'échec comme temporaire • Porte son attention vers des succès futurs • Accepte les félicitations

Pensée analytique	• Besoin de comprendre avant de pouvoir avancer • Aime résoudre des problèmes • Passionné de stratégie
Précision numérique	• Se focalise facilement sur une tâche • Aime chercher des modèles statistiques • A la mémoire des chiffres

Compétences Personnelles

Les compétences personnelles sont centrées sur notre rapport à l'environnement, la place que l'on doit avoir, comment dépenser son énergie… Il est question ici d'interaction.

Ambition	• Fait carrière • Allie vision, utilité et stratégie • En recherche de pouvoir et d'influence • Cherche à avoir un impact sur son environnement
Champ d'activité	• Ne se limite pas à un seul domaine de connaissance • Exerce une activité en dehors de son travail • Participe à des associations professionnelles ou caritatives
Contrôle de soi	• Ne cède pas à la tentation • Refreine la spontanéité et l'impulsivité • Suit des routines
Développement personnel	• Utilise tous les moyens pour s'améliorer • Cherche continuellement à apprendre • Aime se confronter pour évaluer ses forces et faiblesses

Equilibre de vie	• A une vie en dehors du travail • Limite les heures supplémentaires • Est professionnel
Multiculturel	• S'adapte naturellement aux différentes cultures • Aime échanger avec des personnes d'horizons différents (ethnie, valeurs, pays…) • A la réputation d'être juste • Travaille facilement avec des personnes de toutes origines
Prévention du risque	• Etre en bonne santé • Evite l'impulsivité et les coups de tête • Prend des précautions dans l'utilisation des machines • Attache de l'importance à l'ergonomie

Pourquoi des compétences ?

C'est un parti pris d'avoir mis en avant cette notion de compétences dans le cadre de l'orientation.

Mon expérience professionnelle m'a appris quelque chose que je pense être important : apprendre est très compliqué. Mais cette difficulté est à nuancer parce que nous nous construisons à partir de tous nos apprentissages passés. C'est pour cela que les apprentissages les plus difficiles ont été faits dans l'enfance : marcher, parler, lire, écrire…

A partir d'un certain niveau de connaissances, nous ne repartons plus de zéro mais des combinaisons des expériences passées qui peuvent correspondre à ce nouvel apprentissage.

Ce livre parle de **personnalité dynamique** et il prend tout son sens quand l'on parle de compétences. Il est fréquent d'avoir quelqu'un de très rangé et organisé dans son travail mais incapable de la même rigueur dans sa vie personnelle. Ou quelqu'un qui n'a aucun humour au travail mais qui fait rire ses amis...

Cette distorsion vient de deux choses : la différence entre un profil professionnel et un profil social d'une part ; et l'expérience de l'autre.

Notre société nous demandera plus d'adaptations, d'évolutions que les générations précédentes et ces changements seront liés à notre capacité à apprendre de nouveaux savoir-faire / savoir-être.

Plutôt que de repartir de zéro à chaque fois, la première chose à se demander est : « dans quelle situation sais-je déjà faire cela ? »

La grande différence est que nous sortons du cadre d'apprentissage pur pour généraliser un savoir qui est éventuellement déjà présent. Le processus devient donc un transfert de savoir ou de compétences.

	Apprentissage	Transfert de Compétences
Connaissances préalables	**0**	+
Enseignement	+	+
Pratique	+	+

Ce principe est bien connu dans le domaine manuel ou artisanal (on apprend moins à tenir un outil que comment l'utiliser efficacement) et il est important de comprendre que c'est le même principe avec les compétences présentées précédemment, des savoir-être…

Dans le cadre d'un objectif de ce type, il existe de nombreuses techniques (hypnose, pratiques cognitivo-comportementales, coaching…) qui permettent de mobiliser et généraliser ces ressources latentes.

Conclusion

L'objectif de ce livre a été d'aborder le sujet sensible de la personnalité et plus particulièrement dans le cadre de l'orientation.

Le plus compliqué dans l'orientation, ce sont les hésitations et le doute. Ceux qui savent ce qu'ils veulent faire n'ont pas de problèmes d'orientation.

Pour lever ce doute, il est important d'accumuler de l'information. Au travers de ces pages, des pistes vous ont été proposées pour comprendre les principes de la personnalité, découvrir que l'on a des prédispositions à travers nos compétences et que les métiers peuvent se rattacher à des profils professionnels.

Ces informations doivent cependant être utiles. Selon l'adage : *« trop d'informations tue l'information »,* il se pourrait que le contenu de ce livre ou bien les résultats auxquels il fait référence conduisent certains à plus d'hésitations et de doute.

Pour ceux qui ont pu identifier un chemin professionnel : tant mieux. Les problèmes d'orientation se sont dissipés et c'est une bonne chose.

Pour ceux qui hésitent et doutent, ce n'est pas grave. Il faut juste prendre le temps d'identifier un chemin qui vous convient. La boussole qui est en couverture n'est pas là par hasard, c'est l'outil qui depuis la nuit des temps a permis de s'orienter. Elle donne un cap, une direction mais en aucun cas ce que l'on va rencontrer sur le chemin.

L'échappatoire serait de refuser de choisir, mais les sages taoïstes disaient : *« ne pas choisir c'est déjà faire un choix »*. Votre carrière se construira alors autour des opportunités auxquelles vous serez confronté, en réaction à ce que la vie propose.

A l'inverse, si vous arrêtez un choix, non seulement vous profiterez des opportunités de la vie mais vous serez capable d'en créer parce que vous saurez ce que vous voulez. Ce qui est certain, c'est que nos choix nous permettent de construire notre futur. Il vous appartient donc de lever la tête par-dessus le brouillard des études, d'identifier une carrière (plus qu'un métier) et de parcourir le chemin qui vous en sépare.

Bonne route…

Annexe : Annuaire Métier

L'annuaire métier invite à associer **les deux profils d'orientation du PACHER les plus marqués** et étudier leurs correspondances avec la liste des métiers du fichier ROME. Le Répertoire opérationnel des métiers et des emplois (ROME) est un répertoire créé en 1989 par l'ANPE. Il sert à identifier aussi précisément que possible chaque métier, notamment utilisé par pôle emploi.

Les résultats de l'annuaire renvoient aux fiches métiers du ROME et sont présentés sous le format suivant :

Pragmatique Analyste	Code ROME	Intitulé Métier
P – A	H2602	Câblage électrique et électromécanique

Type P : Pragmatique

Pragmatique Analyste

P - A   H2602 - Câblage électrique et électromécanique
P - A   K2603 - Thanatopraxie
P - A   A1504 - Santé animale
P - A   A1101 - Conduite d'engins agricoles et forestiers
P - A   H1303 - Intervention technique en Hygiène Sécurité Environnement -HSE- industriel
P - A   J1411 - Prothèses et orthèses
P - A   A1502 - Podologie animale
P - A   H1209 - Intervention technique en études et développement électronique
P - A   A1501 - Aide aux soins animaux
P - A   J1410 - Prothèses dentaires

P - A   F1105 - Études géologiques
P - A   B1604 - Réparation - montage en systèmes horlogers

Pragmatique Créatif

P - C   F1601 - Application et décoration en plâtre, stuc et staff
P - C   B1701 - Conservation et reconstitution d'espèces animales
P - C   B1801 - Réalisation d'articles de chapellerie
P - C   B1806 - Tapisserie - décoration en ameublement
P - C   F1102 - Conception - aménagement d'espaces intérieurs
P - C   H2401 - Assemblage - montage d'articles en cuirs, peaux
P - C   D1202 - Coiffure
P - C   F1612 - Taille et décoration de pierres
P - C   F1610 - Pose et restauration de couvertures
P - C   F1606 - Peinture en bâtiment
P - C   H1205 - Études - modèles en industrie des matériaux souples
P - C   H2408 - Conduite de machine d'impression textile
P - C   H2208 - Réalisation d'ouvrages décoratifs en bois
P - C   H2207 - Réalisation de meubles en bois
P - C   B1802 - Réalisation d'articles en cuir et matériaux souples (hors vêtement)
P - C   H2402 - Assemblage - montage de vêtements et produits textiles
P - C   B1803 - Réalisation de vêtements sur mesure ou en petite série
P - C   H2206 - Réalisation de menuiserie bois et tonnellerie

Pragmatique Humaniste

P - H   F1608 - Pose de revêtements rigides
P - H   K1304 - Services domestiques
P - H   D1203 - Hydrothérapie

P - H   G1702 - Personnel du hall
P - H   G1804 - Sommellerie
P - H   F1604 - Montage d'agencements
P - H   D1208 - Soins esthétiques et corporels
P - H   G1803 - Service en restauration
P - H   K1705 - Sécurité civile et secours

Pragmatique Exécutif

P - E   H2503 - Pilotage d'unité élémentaire de production mécanique ou de travail des métaux
P - E   D1101 - Boucherie
P - E   K1702 - Direction de la sécurité civile et des secours
P - E   N3101 - Encadrement de la navigation maritime
P - E   H2501 - Encadrement de production de matériel électrique et électronique
P - E   N3102 - Equipage de la navigation maritime
P - E   H2505 - Encadrement d'équipe ou d'atelier en matériaux souples
P - E   K2304 - Revalorisation de produits industriels
P - E   H2504 - Encadrement d'équipe en industrie de transformation
P - E   D1102 - Boulangerie - viennoiserie
P - E   D1103 - Charcuterie - traiteur
P - E   D1104 - Pâtisserie, confiserie, chocolaterie et glacerie
P - E   F1101 - Architecture du BTP et du paysage
P - E   F1611 - Réalisation et restauration de façades
P - E   F1703 - Maçonnerie
P - E   F1702 - Construction de routes et voies
P - E   I1103 - Supervision d'entretien et gestion de véhicules
P - E   I1102 - Management et ingénierie de maintenance industrielle
P - E   I1101 - Direction et ingénierie en entretien infrastructure et bâti
P - E   F1701 - Construction en béton
P - E   F1402 - Extraction solide
P - E   F1501 - Montage de structures et de charpentes bois

64

P - E   F1502 - Montage de structures métalliques

P - E   F1602 - Électricité bâtiment

P - E   F1603 - Installation d'équipements sanitaires et thermiques

P - E   H2502 - Management et ingénierie de production

P - E   D1105 - Poissonnerie

Pragmatique Rigoureux

P - R   H2908 - Modelage de matériaux non métalliques

P - R   H2907 - Conduite d'installation de production des métaux

P - R   H2909 - Montage-assemblage mécanique

P - R   H2906 - Conduite d'installation automatisée ou robotisée de fabrication mécanique

P - R   H2910 - Moulage sable

P - R   H2911 - Réalisation de structures métalliques

P - R   H3303 - Préparation de matières et produits industriels (broyage, mélange, ...)

P - R   H2912 - Réglage d'équipement de production industrielle

P - R   H2913 - Soudage manuel

P - R   H3302 - Opérations manuelles d'assemblage, tri ou emballage

P - R   H3301 - Conduite d'équipement de conditionnement

P - R   H3203 - Fabrication de pièces en matériaux composites

P - R   H3202 - Réglage d'équipement de formage des plastiques et caoutchoucs

P - R   H3201 - Conduite d'équipement de formage des plastiques et caoutchoucs

P - R   H2804 - Pilotage de centrale à béton prêt à l'emploi, ciment, enrobés et granulats

P - R   H3102 - Conduite d'installation de pâte à papier

P - R   H3101 - Conduite d'équipement de fabrication de papier ou de carton

P - R   G1603 - Personnel polyvalent en restauration

P - R   H2914 - Réalisation et montage en tuyauterie

P - R   H2905 - Conduite d'équipement de formage et découpage des matériaux

P - R   H2904 - Conduite d'équipement de déformation des métaux

P - R   H2903 - Conduite d'équipement d'usinage

P - R   H2603 - Conduite d'installation automatisée de production électrique, électronique et microélectronique

P - R   H2407 - Conduite de machine de transformation et de finition des cuirs et peaux

P - R   H2601 - Bobinage électrique

P - R   H2414 - Préparation et finition d'articles en cuir et matériaux souples

P - R   H2413 - Préparation de fils, montage de métiers textiles

P - R   H2412 - Patronnage - gradation

P - R   H2411 - Montage de prototype cuir et matériaux souples

P - R   H2404 - Conduite de machine de production et transformation des fils

P - R   H2410 - Mise en forme, repassage et finitions en industrie textile

P - R   H2604 - Montage de produits électriques et électroniques

P - R   H2605 - Montage et câblage électronique

P - R   H2701 - Pilotage d'installation énergétique et pétrochimique

P - R   H2902 - Chaudronnerie - tôlerie

P - R   H2901 - Ajustement et montage de fabrication

P - R   H2805 - Pilotage d'installation de production verrière

P - R   H2403 - Conduite de machine de fabrication de produits textiles

P - R   H2803 - Façonnage et émaillage en industrie céramique

P - R   H2802 - Conduite d'installation de production de matériaux de construction

P - R   H2405 - Conduite de machine de textiles non tissés

P - R   H2406 - Conduite de machine de traitement textile

P - R   H2801 - Conduite d'équipement de transformation du verre

P - R   H2409 - Coupe cuir, textile et matériaux souples

P - R   H3401 - Conduite de traitement d'abrasion de surface

P - R   N4402 - Exploitation et manœuvre des remontées mécaniques

P - R   K2501 - Gardiennage de locaux

P - R   K2306 - Supervision d'exploitation éco-industrielle

P - R   K2305 - Salubrité et traitement de nuisibles

P - R   K2303 - Nettoyage des espaces urbains

P - R   K2301 - Distribution et assainissement d'eau

P - R   K2204 - Nettoyage de locaux

P - R   K2202 - Lavage de vitres

P - R   K2201 - Blanchisserie industrielle

P - R   N4403 - Manoeuvre du réseau ferré

P - R   N1102 - Déménagement

P - R   K1704 - Management de la sécurité publique

P - R   K2601 - Conduite d'opérations funéraires

P - R   N1101 - Conduite d'engins de déplacement des charges

P - R   N1103 - Magasinage et préparation de commandes

P - R   N4301 - Conduite sur rails

P - R   N4105 - Conduite et livraison par tournées sur courte distance

P - R   N4104 - Courses et livraisons express

P - R   N4103 - Conduite de transport en commun sur route

P - R   N4102 - Conduite de transport de particuliers

P - R   N4101 - Conduite de transport de marchandises sur longue distance

P - R   N3203 - Manutention portuaire

P - R   N3103 - Navigation fluviale

P - R   N2203 - Exploitation des pistes aéroportuaires

P - R   N1105 - Manutention manuelle de charges

P - R   N1104 - Manœuvre et conduite d'engins lourds de manutention

P - R   K1701 - Personnel de la Défense

P - R   J1301 - Personnel polyvalent des services hospitaliers

P - R   I1607 - Réparation de cycles, motocycles et motoculteurs de loisirs

P - R   I1307 - Installation et maintenance télécoms et courants faibles

P - R   I1306 - Installation et maintenance en froid, conditionnement d'air

P - R   I1305 - Installation et maintenance électronique

P - R   I1304 - Installation et maintenance d'équipements industriels et d'exploitation

P - R   I1303 - Installation et maintenance de distributeurs automatiques

P - R   I1302 - Installation et maintenance d'automatismes

P - R   I1301 - Installation et maintenance d'ascenseurs

P - R   I1203 - Maintenance des bâtiments et des locaux

P - R   I1201 - Entretien d'affichage et mobilier urbain

P - R   H3404 - Peinture industrielle

P - R   H3403 - Conduite de traitement thermique

P - R   I1308 - Maintenance d'installation de chauffage

P - R   I1309 - Maintenance électrique

P - R   I1310 - Maintenance mécanique industrielle

P - R   I1606 - Réparation de carrosserie

P - R   I1605 - Mécanique de marine

P - R   I1604 - Mécanique automobile et entretien de véhicules

P - R   I1603 - Maintenance d'engins de chantier, levage, manutention et de machines agricoles

P - R   I1602 - Maintenance d'aéronefs

P - R   I1601 - Installation et maintenance en nautisme

P - R   I1503 - Intervention en milieux et produits nocifs

P - R   I1502 - Intervention en milieu subaquatique

P - R   I1501 - Intervention en grande hauteur

P - R   I1402 - Réparation de biens électrodomestiques et multimédia

P - R   I1401 - Maintenance informatique et bureautique

P - R   H3402 - Conduite de traitement par dépôt de surface

P - R   H2301 - Conduite d'équipement de production chimique ou pharmaceutique

P - R   F1605 - Montage de réseaux électriques et télécoms

P - R   E1304 - Façonnage et routage

P - R   E1303 - Encadrement des industries graphiques

P - R   E1302 - Conduite de machines de façonnage routage

P - R   E1301 - Conduite de machines d'impression

P - R   E1204 - Projection cinéma

P - R   E1203 - Production en laboratoire photographique

P - R   E1202 - Production en laboratoire cinématographique

P - R   D1209 - Vente de végétaux

P - R   D1207 - Retouches en habillement

P - R   E1306 - Prépresse

P - R   E1307 - Reprographie

P - R   F1503 - Réalisation - installation d'ossatures bois

P - R   F1401 - Extraction liquide et gazeuse

P - R   F1302 - Conduite d'engins de terrassement et de carrière

P - R   F1301 - Conduite de grue

P - R   F1107 - Mesures topographiques

P - R   A1410 - Élevage ovin ou caprin

P - R   F1104 - Dessin BTP et paysage

P - R   F1103 - Contrôle et diagnostic technique du bâtiment

P - R   E1308 - Intervention technique en industrie graphique

P - R   D1206 - Réparation d'articles en cuir et matériaux souples

P - R   D1205 - Nettoyage d'articles textiles ou cuirs

P - R   A1407 - Élevage bovin ou équin

P - R   A1405 - Arboriculture et viticulture

P - R   A1404 - Aquaculture

P - R   A1403 - Aide d'élevage agricole et aquacole

P - R   A1402 - Aide agricole de production légumière ou végétale

P - R   A1401 - Aide agricole de production fruitière ou viticole

P - R   A1205 - Sylviculture

P - R   A1203 - Aménagement et entretien des espaces verts

P - R   A1202 - Entretien des espaces naturels

P - R   A1408 - Élevage d'animaux sauvages ou de compagnie

P - R   A1409 - Élevage de lapins et volailles

P - R   F1106 - Ingénierie et études du BTP

P - R   A1503 - Toilettage des animaux

P - R   A1417 - Saliculture

P - R   A1416 - Polyculture, élevage

P - R   A1415 - Equipage de la pêche

P - R   A1414 - Horticulture et maraîchage

P - R   A1413 - Fermentation de boissons alcoolisées

P - R   A1412 - Fabrication et affinage de fromages

P - R   A1411 - Élevage porcin

P - R   A1201 - Bûcheronnage et élagage

P - R   F1607 - Pose de fermetures menuisées

P - R   H1404 - Intervention technique en méthodes et industrialisation

P - R   G1502 - Personnel polyvalent d'hôtellerie

P - R   F1705 - Pose de canalisations

P - R   F1706 - Préfabrication en béton industriel

P - R   G1205 - Personnel d'attractions ou de structures de loisirs

P - R   G1501 - Personnel d'étage

P - R   G1602 - Personnel de cuisine

P - R   G1604 - Fabrication de crêpes ou pizzas

P - R   G1605 - Plonge en restauration

P - R   G1801 - Café, bar brasserie

P - R   H1208 - Intervention technique en études et conception en automatisme

P - R   H1202 - Conception et dessin de produits électriques et électroniques

P - R   H1203 - Conception et dessin produits mécaniques

P - R   H1210 - Intervention technique en études, recherche et développement

P - R   H1402 - Management et ingénierie méthodes et industrialisation

P - R   H1403 - Intervention technique en gestion industrielle et logistique

P - R   H2209 - Intervention technique en ameublement et bois

P - R   H2205 - Première transformation de bois d'œuvre

P - R   H2204 - Encadrement des industries de l'ameublement et du bois

P - R   H2203 - Conduite d'installation de production de panneaux bois

P - R   H2202 - Conduite d'équipement de fabrication de l'ameublement et du bois

P - R   H2201 - Assemblage d'ouvrages en bois

P - R   H2102 - Conduite d'équipement de production alimentaire

P - R   F1609 - Pose de revêtements souples

P - R   F1704 - Préparation du gros œuvre et des travaux publics

P - R   F1613 - Travaux d'étanchéité et d'isolation

P - R   H2101 - Abattage et découpe des viandes

Type A : Analyste

Analyste Pragmatique

A - P   J1307 - Préparation en pharmacie

A - P   N2101 - Navigation commerciale aérienne

A - P   H1502 - Management et ingénierie qualité industrielle

A - P   H1503 - Intervention technique en laboratoire d'analyse industrielle

A - P   H1504 - Intervention technique en contrôle essai qualité en électricité et électronique

A - P   M1807 - Exploitation de systèmes de communication et de commandement

A - P   H1505 - Intervention technique en formulation et analyse sensorielle

A - P   M1805 - Études et développement informatique

A - P   M1804 - Études et développement de réseaux de télécoms

A - P   H1506 - Intervention technique qualité en mécanique et travail des métaux

A - P   J1302 - Analyses médicales

A - P   N2102 - Pilotage et navigation technique aérienne

Analyste Humaniste

A - H   J1102 - Médecine généraliste et spécialisée

A - H   J1103 - Médecine dentaire

A - H   J1202 - Pharmacie

A - H   J1303 - Assistance médico-technique

A - H   J1306 - Imagerie médicale

Analyste Exécutif

A - E   K2401 - Recherche en sciences de l'homme et de la société

Analyste Rigoureux

A - R   A1303 - Ingénierie en agriculture et environnement naturel

A - R   K2402 - Recherche en sciences de l'univers, de la matière et du vivant

A - R   M1401 - Conduite d'enquêtes

A - R   J1201 - Biologie médicale

A - R   M1403 - Études et prospectives socio-économiques

A - R   M1801 - Administration de systèmes d'information

A - R   M1802 - Expertise et support en systèmes d'information

A - R   M1806 - Conseil et maîtrise d'ouvrage en systèmes d'information

A - R   M1808 - Information géographique

A - R   M1809 - Information météorologique

A - R   M1810 - Production et exploitation de systèmes d'information

A - R   K1402 - Conseil en Santé Publique

Type C : Créatif

Créatif Pragmatique

C - P   B1804 - Réalisation d'ouvrages d'art en fils

C - P   B1302 - Décoration d'objets d'art et artisanaux

C - P   L1204 - Arts du cirque et arts visuels

C - P   B1301 - Décoration d'espaces de vente et d'exposition

C - P   B1201 - Réalisation d'objets décoratifs et utilitaires en céramique et matériaux de synthèse

C - P   L1501 - Coiffure et maquillage spectacle

C - P   L1502 - Costume et habillage spectacle

C - P   L1503 - Décor et accessoires spectacle

C - P   L1504 - Éclairage spectacle

C - P   L1505 - Image cinématographique et télévisuelle

C - P   L1506 - Machinerie spectacle

C - P   L1507 - Montage audiovisuel et post-production

C - P   L1508 - Prise de son et sonorisation

C - P   B1101 - Création en arts plastiques

C - P   L1201 - Danse

C - P   B1603 - Réalisation d'ouvrages en bijouterie, joaillerie et orfèvrerie

C - P   B1602 - Réalisation d'objets artistiques et fonctionnels en verre

C - P   B1601 - Métallerie d'art

C - P   B1501 - Fabrication et réparation d'instruments de musique

C - P   B1402 - Reliure et restauration de livres et archives

C - P   E1201 - Photographie

C - P   E1205 - Réalisation de contenus multimédias

C - P   B1401 - Réalisation d'objets en lianes, fibres et brins végétaux

C - P   B1303 - Gravure - ciselure
C - P   L1102 - Mannequinat et pose artistique

Créatif Analyste

C - A   E1106 - Journalisme et information média
C - A   L1510 - Films d'animation et effets spéciaux

Créatif Humaniste

C - H   L1101 - Animation musicale et scénique
C - H   L1103 - Présentation de spectacles ou d'émissions
C - H   L1202 - Musique et chant

Créatif Exécutif

C - E   H1204 - Design industriel
C - E   E1104 - Conception de contenus multimédias
C - E   E1105 - Coordination d'édition
C - E   E1108 - Traduction, interprétariat
C - E   L1203 - Art dramatique
C - E   L1301 - Mise en scène de spectacles vivants
C - E   B1805 - Stylisme

Créatif Rigoureux

C - R   L1304 - Réalisation cinématographique et audiovisuelle
C - R   E1102 - Ecriture d'ouvrages, de livres
C - R   K1602 - Gestion de patrimoine culturel

Type H : Humaniste

Humaniste Pragmatique

H - P   G1204 - Éducation en activités sportives
H - P   K2110 - Formation en conduite de véhicules
H - P   J1304 - Aide en puériculture
H - P   K1302 - Assistance auprès d'adultes
H - P   K1303 - Assistance auprès d'enfants

Humaniste Analyste

H - A   K1207 - Intervention socioéducative
H - A   K1301 - Accompagnement médicosocial
H - A   K2108 - Enseignement supérieur
H - A   J1501 - Soins d'hygiène, de confort du patient
H - A   K1202 - Éducation de jeunes enfants
H - A   K2101 - Conseil en formation
H - A   K1104 - Psychologie
H - A   J1104 - Suivi de la grossesse et de l'accouchement
H - A   K1103 - Développement personnel et bien-être de la personne
H - A   K1101 - Accompagnement et médiation familiale
H - A   J1406 - Orthophonie
H - A   J1405 - Optique - lunetterie
H - A   J1404 - Kinésithérapie
H - A   J1403 - Ergothérapie
H - A   J1402 - Diététique
H - A   J1401 - Audioprothèses
H - A   J1305 - Conduite de véhicules sanitaires
H - A   J1101 - Médecine de prévention
H - A   J1407 - Orthoptique
H - A   J1505 - Soins infirmiers spécialisés en prévention
H - A   J1506 - Soins infirmiers généralistes
H - A   J1504 - Soins infirmiers spécialisés en bloc opératoire
H - A   J1503 - Soins infirmiers spécialisés en anesthésie
H - A   J1412 - Rééducation en psychomotricité
H - A   J1409 - Pédicurie et podologie

H - A   J1408 - Ostéopathie et chiropraxie
H - A   J1507 - Soins infirmiers spécialisés en puériculture

Humaniste Créatif

H - C   K2105 - Enseignement artistique
H - C   K1206 - Intervention socioculturelle

Humaniste Exécutif

H - E   K1801 - Conseil en emploi et insertion socioprofessionnelle
H - E   G1202 - Animation d'activités culturelles ou ludiques
H - E   K1203 - Encadrement technique en insertion professionnelle
H - E   K2111 - Formation professionnelle
H - E   K2112 - Orientation scolaire et professionnelle

Humaniste Rigoureux

H - R   K2104 - Éducation et surveillance au sein d'établissements d'enseignement
H - R   K1102 - Aide aux bénéficiaires d'une mesure de protection juridique
H - R   K1305 - Intervention sociale et familiale
H - R   K2106 - Enseignement des écoles
H - R   K1205 - Information sociale
H - R   K1204 - Médiation sociale et facilitation de la vie en société
H - R   K1201 - Action sociale
H - R   G1101 - Accueil touristique
H - R   K2107 - Enseignement général du second degré
H - R   G1201 - Accompagnement de voyages, d'activités culturelles ou sportives
H - R   G1203 - Animation de loisirs auprès d'enfants ou d'adolescents

Type E : Exécutif

Exécutif Pragmatique

E - P   G1601 - Management du personnel de cuisine
E - P   F1202 - Direction de chantier du BTP
E - P   G1503 - Management du personnel d'étage
E - P   G1404 - Management d'établissement de restauration collective
E - P   G1403 - Gestion de structure de loisirs ou d'hébergement touristique
E - P   A1406 - Encadrement équipage de la pêche
E - P   H1401 - Management et ingénierie gestion industrielle et logistique
E - P   L1401 - Sportif professionnel
E - P   F1203 - Direction et ingénierie d'exploitation de gisements et de carrières

Exécutif Analyste

E - A   M1702 - Analyse de tendance
E - A   M1201 - Analyse et ingénierie financière
E - A   H1501 - Direction de laboratoire d'analyse industrielle
E - A   M1301 - Direction de grande entreprise ou d'établissement public
E - A   H1302 - Management et ingénierie Hygiène Sécurité Environnement -HSE- industriels
E - A   H1206 - Management et ingénierie études, recherche et développement industriel

Exécutif Créatif

E - C   D1201 - Achat vente d'objets d'art, anciens ou d'occasion

E - C   E1402 - Élaboration de plan média
E - C   L1303 - Promotion d'artistes et de spectacles
E - C   L1302 - Production et administration spectacle, cinéma et audiovisuel

Exécutif Humaniste

E - H   G1802 - Management du service en restauration
E - H   D1403 - Relation commerciale auprès de particuliers
E - H   D1404 - Relation commerciale en vente de véhicules
E - H   J1502 - Coordination de services médicaux ou paramédicaux
E - H   K1403 - Management de structure de santé, sociale ou pénitentiaire
E - H   K1802 - Développement local
E - H   D1408 - Téléconseil et télévente

Exécutif Rigoureux

E - R   M1204 - Contrôle de gestion
E - R   M1102 - Direction des achats
E - R   K1703 - Direction opérationnelle de la défense
E - R   K1405 - Représentation de l'Etat sur le territoire national ou international
E - R   K1404 - Mise en œuvre et pilotage de la politique des pouvoirs publics
E - R   K1401 - Conception et pilotage de la politique des pouvoirs publics
E - R   H1102 - Management et ingénierie d'affaires
E - R   M1704 - Management relation clientèle
E - R   G1402 - Management d'hôtel-restaurant
E - R   M1205 - Direction administrative et financière
E - R   M1302 - Direction de petite ou moyenne entreprise
E - R   N4202 - Direction d'exploitation des transports routiers de personnes
E - R   N4201 - Direction d'exploitation des transports routiers de marchandises

E - R   N2205 - Direction d'escale et exploitation aéroportuaire

E - R   N1302 - Direction de site logistique

E - R   M1803 - Direction des systèmes d'information

E - R   M1707 - Stratégie commerciale

E - R   M1706 - Promotion des ventes

E - R   M1705 - Marketing

E - R   M1703 - Management et gestion de produit

E - R   M1503 - Management des ressources humaines

E - R   M1502 - Développement des ressources humaines

E - R   M1402 - Conseil en organisation et management d'entreprise

E - R   G1302 - Optimisation de produits touristiques

E - R   G1301 - Conception de produits touristiques

E - R   G1102 - Promotion du tourisme local

E - R   D1405 - Conseil en information médicale

E - R   E1107 - Organisation d'évènementiel

E - R   D1406 - Management en force de vente

E - R   D1509 - Management de département en grande distribution

E - R   D1506 - Marchandisage

E - R   D1504 - Direction de magasin de grande distribution

E - R   D1407 - Relation technico-commerciale

E - R   D1503 - Management/gestion de rayon produits non alimentaires

E - R   D1502 - Management/gestion de rayon produits alimentaires

E - R   C1104 - Direction d'exploitation en assurances

E - R   D1301 - Management de magasin de détail

E - R   C1203 - Relation clients banque/finance

E - R   C1204 - Conception et expertise produits bancaires et financiers

E - R   C1206 - Gestion de clientèle bancaire

E - R   C1503 - Management de projet immobilier

E - R   C1501 - Gérance immobilière

E - R   E1401 - Développement et promotion publicitaire

E - R   C1504 - Transaction immobilière

Type R : Rigoureux

Rigoureux Pragmatique

R - P   N4204 - Intervention technique d'exploitation des transports routiers de personnes
R - P   N4401 - Circulation du réseau ferré
R - P   K2302 - Management et inspection en environnement urbain
R - P   M1603 - Distribution de documents
R - P   K2502 - Management de sécurité privée
R - P   K2503 - Sécurité et surveillance privées
R - P   N4203 - Intervention technique d'exploitation des transports routiers de marchandises
R - P   D1210 - Vente en animalerie
R - P   M1606 - Saisie de données
R - P   F1201 - Conduite de travaux du BTP et de travaux paysagers
R - P   A1301 - Conseil et assistance technique en agriculture
R - P   H1201 - Expertise technique couleur en industrie
R - P   H1101 - Assistance et support technique client
R - P   D1211 - Vente en articles de sport et loisirs
R - P   D1212 - Vente en décoration et équipement du foyer
R - P   D1214 - Vente en habillement et accessoires de la personne
R - P   D1505 - Personnel de caisse
R - P   D1507 - Mise en rayon libre-service
R - P   F1108 - Métré de la construction
R - P   H1207 - Rédaction technique
R - P   H1301 - Inspection de conformité
R - P   H2415 - Contrôle en industrie du cuir et du textile
R - P   I1202 - Entretien et surveillance du tracé routier
R - P   A1302 - Contrôle et diagnostic technique en agriculture

R - P   K1707 - Surveillance municipale
R - P   K1706 - Sécurité publique
R - P   K1505 - Protection des consommateurs et contrôle des échanges commerciaux

Rigoureux Analyste

R - A   K1501 - Application des règles financières publiques
R - A   M1202 - Audit et contrôle comptables et financiers
R - A   C1107 - Indemnisations en assurances
R - A   C1105 - Études actuarielles en assurances
R - A   A1204 - Protection du patrimoine naturel
R - A   N2202 - Contrôle de la navigation aérienne
R - A   C1106 - Expertise risques en assurances
R - A   E1101 - Animation de site multimédia
R - A   E1305 - Préparation et correction en édition et presse
R - A   K1904 – Magistrature

Rigoureux Créatif

R - C   L1509 - Régie générale

Rigoureux Humaniste

R - H   N4302 - Contrôle des transports en commun
R - H   N2201 - Personnel d'escale aéroportuaire
R - H   C1109 - Rédaction et gestion en assurances
R - H   C1201 - Accueil et services bancaires
R - H   D1204 - Location de véhicules ou de matériel de loisirs
R - H   C1401 - Gestion en banque et assurance
R - H   M1609 - Secrétariat et assistanat médical ou médico-social
R - H   M1608 - Secrétariat comptable
R - H   K2102 - Coordination pédagogique
R - H   K2103 - Direction d'établissement et d'enseignement
R - H   K1504 - Contrôle et inspection du Trésor Public

R - H   K1503 - Contrôle et inspection des impôts
R - H   G1701 - Conciergerie en hôtellerie
R - H   M1501 - Assistanat en ressources humaines
R - H   M1601 - Accueil et renseignements
R - H   M1602 - Opérations administratives
R - H   G1303 - Vente de voyages
R - H   M1604 - Assistanat de direction
R - H   M1605 - Assistanat technique et administratif
R - H   G1206 - Personnel technique des jeux
R - H   M1607 - Secrétariat
R - H   K1903 - Défense et conseil juridique

Rigoureux Exécutif

R - E   D1402 - Relation commerciale grands comptes et entreprises
R - E   D1401 - Assistanat commercial
R - E   N1301 - Conception et organisation de la chaîne logistique
R - E   D1213 - Vente en gros de matériel et équipement
R - E   N1303 - Intervention technique d'exploitation logistique
R - E   N2204 - Préparation des vols
R - E   N3201 - Exploitation des opérations portuaires et du transport maritime
R - E   D1107 - Vente en gros de produits frais
R - E   M1404 - Management et gestion d'enquêtes
R - E   M1101 - Achats
R - E   D1508 - Encadrement du personnel de caisses
R - E   G1401 - Assistance de direction d'hôtel-restaurant
R - E   G1703 - Réception en hôtellerie
R - E   M1207 - Trésorerie et financement
R - E   F1204 - Qualité Sécurité Environnement et protection santé du BTP
R - E   M1206 - Management de groupe ou de service comptable
R - E   M1701 - Administration des ventes

R - E   M1203 - Comptabilité

R - E   E1103 - Communication

R - E   D1106 - Vente en alimentation

R - E   C1502 - Gestion locative immobilière

R - E   C1108 - Management de groupe et de service en assurances

R - E   K1601 - Gestion de l'information et de la documentation

R - E   N1202 - Gestion des opérations de circulation internationale des marchandises

R - E   K2203 - Management et inspection en propreté de locaux

R - E   C1103 - Courtage en assurances

R - E   C1102 - Conseil clientèle en assurances

R - E   C1101 - Conception - développement produits d'assurances

R - E   K1901 - Aide et médiation judiciaire

R - E   K1902 - Collaboration juridique

R - E   K2602 - Conseil en services funéraires

R - E   C1110 - Souscription d'assurances

R - E   N3202 - Exploitation du transport fluvial

R - E   C1303 - Gestion de portefeuilles sur les marchés financiers

R - E   C1302 - Gestion back et middle-office marchés financiers

R - E   C1301 - Front office marchés financiers

R - E   C1207 - Management en exploitation bancaire

R - E   K1502 - Contrôle et inspection des Affaires Sociales

R - E   C1202 - Analyse de crédits et risques bancaires

R - E   N1201 - Affrètement transport

R - E   C1205 - Conseil en gestion de patrimoine financier

En Rupture d'Orientation

L'auteur présente dans ce livre la théorie de la personnalité dynamique et son application à l'orientation.

Trois modèles sont proposés :
- Le premier concerne la personnalité à travers le MECA pour apprendre à se connaître.
- Le deuxième regroupe des compétences pour identifier des prédispositions dans certains domaines.
- Le troisième correspond à des profils professionnels qui se rattachent à un groupe de métiers.

Pierric OUDART

Pierric est passionné par l'humain, à ce titre il pratique l'hypnose, les arts martiaux internes (taoïstes) chinois, les théories de la personnalité.

Son cursus (école de commerce, intelligence économique, hypnose) lui a permis de développer la théorie de la personnalité dynamique et d'étudier son influence sur l'orientation.